...RTS
...ET-OISE

93ème

...POSITION

...EAUX - ARTS

...rel 50c

V

SOCIÉTÉ DES AMIS DES ARTS

DU DÉPARTEMENT DE SEINE-ET-OISE

33e EXPOSITION VERSAILLAISE

DESCRIPTION

DE

OUVRAGES DE PEINTURE

SCULPTURE, ARCHITECTURE, GRAVURE

MINIATURE, DESSINS ET PASTELS

EXPOSÉS

DANS LES SALLES DU MUSÉE DE VERSAILLES

(Rez-de-Chaussée)

LE DIMANCHE 11 JUILLET 1886

•

Prix : 50 centimes

VERSAILLES

IMPRIMERIE CERF ET FILS

59, RUE DUPLESSIS, 59

—

1886

Représentant de la Société à Paris :

M. BEUGNIET, 10, rue Laffitte.

Pour les adhésions à la Société, s'adresser à :

MM. Breteuil, 44, rue de la Pompe.

Gatin, 4, avenue de Paris.

L. Benedite, bureaux de la Conservation des Musées.

———————

N. B. *Un livret indiquant le prix des ouvrages est déposé entre les mains du gardien de l'Exposition.*

———————

ABRÉVIATIONS :

H. C. — *Hors Concours.*
Ex. — *Exempt.*
M. H. — *Mention honorable.*

Ces titres indiquent les récompenses obtenues au Salon de Paris.

SOCIÉTÉ DES AMIS DES ARTS DE SEINE-ET-OISE

(1886)

COMPOSITION DU BUREAU

Présidents d'honneur.

M. le Préfet de Seine-et-Oise.
M. le Maire de Versailles.

Présidents honoraires.

M. AMETTE, ✻, 15, rue de la Paroisse.
M. DEROISIN, ✻, 77, rue des Chantiers.

Président.

M. CH. GOSSELIN, ✻, Conservateur des Musées de
Versailles et des Trianons, au Palais.

Vice-Présidents :

MM. RUELLE, 15, boulevard de la Reine.
COLOMB, 2 *ter*, rue de la Pompe.

Trésoriers.

MM. BRETEUIL, 44, rue de la Pompe.
DELAISEMENT, *trésorier adjoint*, 26, avenue de
Saint-Cloud.

Secrétaire :
M. GATIN, ⬥, 4, avenue de Paris.

Secrétaires adjoints :
MM. EMILE RENAUD, 77, avenue de Saint-Cloud.
GIRARD, 39, boulevard Saint-Antoine.

Membres de la Commission d'organisation pour 1886.

MM. CH. GOSSELIN, *président ;*
L. BENEDITE, *secrétaire ;*
VICTOR BART,
MAXIME BARBIER,
BERCY,
COLOMB,
GIRARD,
JONETTE, ✳,
V. RENAULT,
E. RENAUD,
RUELLE, ⬥.

SOCIÉTÉ DES AMIS DES ARTS

DE SEINE-ET-OISE.

La Société des Amis des Arts de Seine-et-Oise a pour but de favoriser le progrès des beaux-arts dans le département, et d'en propager le goût par des expositions publiques, par l'acquisition, à ces expositions, des ouvrages les plus remarqués; par des manifestations et des publications artistiques, et par tous les moyens qui lui sembleront le plus propres à atteindre le but qu'elle se propose.

Les tableaux, sculptures, dessins, gravures et objets d'art, achetés par la Société aux expositions ci-dessous spécifiées, sont partagés par la voie du sort entre ses membres, en assemblée générale.

La Société se compose de membres titulaires, honoraires et correspondants.

Les titulaires s'engagent à payer une cotisation annuelle de dix francs; le paiement de cette cotisation donne droit à la remise d'un titre portant un numéro qui participe au tirage au sort des lots acquis par la Société.

Chaque sociétaire peut prendre, en outre, de ce premier titre, un ou plusieurs titres de même valeur, afin d'ajouter à ses chances pour le tirage au sort.

L'admission dans la Société ne peut avoir lieu que sur la présentation écrite de deux de ses membres. Cette présentation devra être faite un mois au moins avant l'assemblée générale règlementaire.

Les ressources de la Société se composent principalement du montant des cotisations annuelles, des recettes des expositions, des subventions allouées par l'État, le département et les communes.

Les fonds de la Société sont employés :

1o A organiser des expositions publiques ;

2o A acquérir les tableaux, gravures, sculptures et autres objets d'art qui auront été choisis dans ces expositions ;

3o A donner à titre de récompense, et quand il y a lieu, des médailles ou autres marqués d'encouragement aux artistes ;

4o A récompenser également, par des médailles ou autres marques, les instituteurs du département reconnus avoir fait pratiquer avec le plus de succès l'étude du dessin et de la musique dans leurs écoles ;

5o A organiser des solennités musicales et dramatiques ;

6o A alimenter la caisse de secours fondée par la Société pour venir en aide à des artistes malheureux, à leurs veuves ou à leurs jeunes enfants.

RÉCOMPENSES

DÉCERNÉES A L'EXPOSITION DE 1885

L'Assemblée générale de la Société des Amis des Arts de Seine-et-Oise a eu lieu, le vendredi 18 décembre 1885, à huit heures du soir, dans la Galerie municipale, à l'Hôtel-de-Ville, sous la présidence de M. Ch. Gosselin.

M. le Président a lu un rapport à la suite duquel il a été procédé à la distribution des récompenses, décernées aux artistes exposants par le jury de l'exposition.

Diplôme d'honneur. — M. Carrier-Belleuse, nos 504, 505.

Prix du Salon. — M. Sollier, nos 736, 737.

Médailles de vermeil. — M. Hirsch, no 209. — Mlle Mégret, nos 291, 292. — M. Brouillet (rappel), no 74.

Médailles d'argent de 1re classe. — M. Baguès (Eugène), no 9. — M. Bail (Franck), no 10. — Mme Champ-Renaud, nos 90, 91.—M. Iwill, nos 216, 217. — Mlle Jacta, no 597. — M. Normann. — Mme Scapre-Pierret, no 386. —M. Tauzin, nos 406, 407.—Mme Lacombe (rappel), no 229.—M. Merwart, nos 295, 296. — Monge, no 303.

Médailles d'argent de 2e classe. — M. Bail (Joseph), no 12. — M. Barnsley, nos 21, 22. — M. de Bellée, nos 35, 36. — Mlle Bernard, no 41. — Mlle Del Sarte, no 525. — Mlle Gaveau, no 175.— M. Gounin, no 184.

— M. Magne, n°s 273, 274. — M. Marsac, n°s 284, 285. — Mlle Moussoir, n°s 310, 311. — M. Nobillet, n°s 317, 317. — M. Savine, n°s 734, 735. — M. Saitaire, n° 382. — Mlle Taconet, n°s 403, 404. — M. Laroze, n° 238. — M. Eustache (rappel), n° 543. — M. Mangeant (rappel), n°s 276, 277.

Mentions honorables. — Mme Brouillet, n° 74. — M. Bail (Jean), n° 11. — M. Castex (Maurice de), n°s 506, 507. — M. Convert, n° 523. — Mme Colombel, n°s 520, 521. — Mme Fielitz, n°s 160, 161. — M. Gumery, n° 197. — Mlle Maignién, n°s 730, 731. — Mme Marcheix, n° 280. — Mme de Pesloüan, n°s 656, 657. — M. Ramin, n°s 350, 351. — M. Timmermans, n°s 425, 416. — M. Landeau, n° 607. — M. Picard, n°s 338, 339. — M. Salleron, n° 685. — Mme Venat, n° 425. — Mme Salles-Vagner, n° 383. — Mme Soleville-Jeandel, n° 397. — M. Pepin, n° 328. — M. Loire, n°s 269, 270. — M. Engrand, n° 771.

DESCRIPTION

DES

OUVRAGES EXPOSÉS

LE DIMANCHE 11 JUILLET 1886

DANS LES

SALLES DU MUSÉE DE VERSAILLES

(REZ-DE-CHAUSSÉE)

PEINTURE

Abzac (Charles d'), à Saint-Cyr-l'École.

1 — Porte du bois Robert (Satory).

Adan-Guillaumot (Mme Marie-Émilie), 220, rue de Rivoli, Paris.

2 — Portrait de M. A. G.

Adela-Ruminy (Mme Héloïse), rue du Pont-Tournant, maison Vattier ; Lorient (Morbihan).

3 — La frégate-école l'*Iphigénie* quittant la rade de Lorient.

4 — Bouvreuil.

Allouard (Edmond), 9, rue des Lions-Saint-Paul, Paris.

5 — Fleurs d'hiver.

Ancillotti (Torello), 128 *bis*, boulevard de Clichy.

6 — Mélancolie.

André (Charles), 55, boulevard Edgard-Quinet, Paris.

7 — Une rue du faubourg Saint-Jacques.

Arosa (Mlle Marguerite), 5, rue Prony, Paris.

8 — Sous bois.

Aubusson (Henri), à Thiverval (Seine-et-Oise).

9 — Avant le duel (nature morte).

Avé (Émile), 5, rue Clairvaut, Paris.

10 — La plaine.

Aviat (Jules-Charles), M. H., 32, rue Saint-Pétersbourg, Paris.

11 — Portrait de Mlle M. D.

12 — Étude au printemps (clocher de Sceaux).

Bailleux de Marisy (Victor), 62, boulevard Malesherbes, Paris.

13 — Portrait de M. le commandant X.

14 — Enfant de chœur.

Baird (William), 3, rue d'Odessa, Paris.

15 — Dans la forêt.

16 — Retour des champs.

Barnsley (James-Macdonald), 6, rue Aumont-
    Thieville, Paris.

17 — En Normandie.

18 — La baie de Cancale (Mont-Saint-Michel).

Baroux (Eugène), 16, rue des Chantiers, Ver-
    sailles.

19 — Au Bas-Meudon.

Bartier-Deroche (Mme), 42, rue de Berri,
    Paris.

20 — Chrysanthèmes.

Bastien-Lepage (Émile-Louis), 6, rue de
    Phalsbourg, Paris.

21 — Etraye (Lorraine). (Appartient à Mme R.).

Baudot (Alexandre-Eugène), 100, avenue
    d'Italie, Paris.

22 — Poules.

23 — Intérieur de ferme (printemps).

Beaury-Saurel (Mlle Amélie), Ex. 122,
    avenue de Villiers.

24 — Portrait de Mlle M. S.

Beauvais-Richard (Edmond), 8, rue Vavin,
    Paris.

25 — Fleurs.

26 — Nature morte.

Bellangé (Eugène), 57, rue de Douai, Paris.

27 — L'église de Montreux (Suisse).

28 — La plage de Trouville.

Bellée (Léon de), M. H., 27 *bis*, rue Bayen, Paris.

29 — Six études.

Benoît (Léon-Alfred), 65, rue Monge, Paris.

30 — La feuille de chou.

Berchère (Narcisse), 6, rue Fromentin, Paris. H. C.

31 — Une vue dans le Mouski au Caire (Égypte).

Bercy (Louis), 28, rue de la Pompe, Versailles.

32 — « Faute de grives on mange des merles. »

33 — Pie Epeiche et Sansonnet.

Bernardo (Giuseppe), 95, avenue de Versailles, Paris.

34 — Portrait.

35 — Le Chasseur blessé.

Berriat-Blanc (Mlle Béatrice), 120, avenue Péreire, Asnières (Seine).

36 — Jardin.

Berton (P.-Émile), 77, rue Miromesnil, Paris. M. H.

37 — Soleil couchant (forêt de Fontainebleau).

Binet (Adolphe-Gustave), 74, rue des Plantes, Paris. Ex.

38 — Un verger normand.

Bisbing (Henri), 45, rue du Marché, Neuilly-sur-Seine.

39 — Sur les bords de l'Yssel (Hollande).

40 — Un souvenir de Hollande.

Biva (Paul), à Franconville, à la station (Seine-et-Oise).

41 — Roses provisions.

Boislecomte (Edmond de), 26, rue Poncelet, Paris.

42 — Le garde devenu vieux.

Bonnefoy (Adrien-Adolphe), 19, rue Charles V, Paris.

43 — Petit modèle.
44 — Roses.

Bonnefoy-Mesnil (Mme Léonie), 19, rue Charles V, Paris.

45 — Fleurs.

Borchard (Edmond), 42, rue Fontaine, Paris. M. H.

46 — Le repos des chasseurs.

Borrel (Marius), 12, rue du Regard, Paris.

47 — Intérieur de l'église de Méry-sur-Marne.

Bouché (Mlle Blanche), 8, rue des Annonciades, Meulan (Seine-et-Oise).

48 — Nature morte (cuivre et oranges).
49 — Étude de fleurs (Reines-Marguerites).

Boudier (Raoul), 22, rue Ganneron. Porte C.
50 — Modiste.

Bourgogne (Pierre), 32 *ter*, rue Brancas, Sèvres (Seine-et-Oise).

51 — Fleurs de printemps.
52 — Dessert.

Bouteillé (Étienne), 15, route de Versailles, Billancourt (Seine).

53 — Nature morte.

Brielman (Jacques-Alfred), 16, rue de Chabrol, Paris. Ex.

54 — La pluie qui vient.
55 — A Meaulne (Allier) (quatre peintures).

Brongniart (Mme Catherine-Edme-Thérèse), 14, rue Cuvier, Paris.

56 — Oranges.

Brouillet (André), 139, boulevard Montparnasse, Paris. H. C.

57 — Une rue de village (Vosges).
58 — Pivoines.

Brouillet (Mme Emma), 139, boulevard Montparnasse, Paris.

59 — Nature morte.

Broutelles (Théodore de), 42, rue de la Victoire, Paris.

60 — La barque de pêche de Dieppe.
61 — La neige au bord de la mer (étude).

Buchet (Mme Julie), 26, rue de la Voûte, Paris.

62 — Fumeur turc.
63 — Bassin du port de Courseulles (Calvados).

Burggraff (Gaston-Frédéric de), 38, rue de Varennes.

64 — La Seine à Poissy.

Bussilliet (Charles), 2, rue Rousseau, Versailles.

65 — Lyon ancien ; vue du pont d'Ainay et quartier Saint-Georges.

66 — Nature morte : fruits.

Butler (Mlle Béatrice-Amélie), 7, rue Sainte-Victoire, Versailles.

67 — Table de cuisine.

Cadet (Mlle Louise), 7, avenue de Chaville, Viroflay (Seine-et-Oise).

68 — Nature morte.

Calon (Achille-Augustin), 5 *bis*, passage Masséna. Neuilly-sur-Seine.

69 — Petite paysanne.

Caspers (Mlle Émilie-Pauline), 19, rue de Plaisance, Nogent-sur-Marne, Seine.

70 — Rose et chèvrefeuille.

Charpentier (Léon), 1, rue Houdon, Paris.

71 — Mendiante.

Chasles (Mlle Henriette), à Louveciennes (Seine-et-Oise).

72 — Une rue à Louveciennes.
73 — Dahlias.

Clavel (Émile), Villa-aux-Roses, Suresnes (Seine).

74 — La route de Rouen (Isneauville).

Coëffier (Mme Pauline), 21, quai Bourbon, Paris. M. H.

75 — Étude de baigneur.

Coeylas (Henry), 5, rue du Jour, Paris.

76 — Prends garde ! bébé dort.

Col (Joseph), 78, rue du Faubourg-Saint-Martin, Paris.

77 — Comptant sa recette.
78 — La prière du pêcheur.

Crémieux (Édouard), 8, rue Bellefond, Paris.

79 — Lecture de la Méguila.
80 — Intérieurs de pêcheurs.

Dainville (Maurice), 23, rue de Laval, Paris.

81 — Bords du Loing à Montigny.

Dallier (Georges), 43, avenue de Paris, Versailles.

82 — Paysage, coupe de bois (Chaville).
83 — Paysage décoratif : marée basse à Villers-sur-Mer.

Damoye (Pierre-Emmanuel), 37, rue Fontaine, Paris et chez M. Luce, 3, rue Saint-Pierre, Versailles. H. C.

84 — Les bords de la Seine à Saint-Ouen.
85 — Même sujet.

David (Eugène), 32, rue de l'Orangerie, Versailles.

86 — Les manœuvres de l'Escadre en 1886, au cap Sepel, près Toulon.
87 — Croiseur de premier rang.

David (Jules), 57, rue Madame, Paris. M. H.
88 — Gros temps.
89 — Marée basse.

Dawis (Mlle Germaine), 38, avenue du Bois-
de-Boulogne, Paris.
90 — Jeune femme, tête d'étude.
91 — Alsacienne (canton de Brumoth).

Delacour (Hippolyte), 30, quai d'Argenteuil,
à Villeneuve-la-Garenne (Seine).
92 — La grève du Sud à Granville (Manche).
93 — L'avant-port de Granville.

Delanoy (Jacques), 89, rue des Marais, Paris.
94 — Fruits sous bois.
95 — Aubergines et fruits.

Deroche (Victor), à Montigny, par Vernon
(Eure).
96 — Mauvais temps à l'embouchure de la Somme.

Descamps-Sabouret (Mlle Louise), 11, rue
de la Présentation, Paris.
97 — Nature morte.
98 — Fleurs de printemps.

Desdouits (Léon), 39, rue du Bac, Paris.
99 — Valmondois (bords de l'Oise).

Desgranges (Félix), 5, quai Voltaire, Paris.
100 — Portrait de Mlle L. B...

Desjeux (Mlle Emilie), 58, boulevard Montparnasse, Paris.
101 — Chinoiseries.

3

Desportes (Gabriel), 33, boulevard de la Reine, Versailles.

102 — Une pie.

Desrivières (Gabriel), 77, rue d'Amsterdam, Paris.

103 — Portrait de Mlle G. L. R.

Deully (Eugène-Auguste-François), 25, rue de Vanves, Paris.

104 — Rieuse.

Dillon (Henri-Patrice), 84, boulevard Rochechouart, Paris.

105 — Le cabaret du Chat-Noir.

106 — Projet décoratif.

Doncker (Ernest), 80, avenue de Paris, Versailles.

107 — Un coin de Trianon.

Dubouchet (Henri-Joseph), 5, rue Littré, Paris.

108 — La délivrance de saint Pierre.

Dubouchet (Gustave), 5, rue Littré, Paris.

109 — Dessert d'automne.

Dubuisson (Albert-Lucien), 54, avenue de Saint-Cloud, Paris. M. H.

110. — Etude.

Ducombs (Mlle Marie), 47, rue Claude-Bernard, Paris.

111 — Objets religieux du xive siècle (Musée de Cluny).

Dufeu (Edouard), 25, boulevard de Clichy, Paris.

112 — Fleurs.

Duhamel (Paul), à Trappes (Seine-et-Oise).

113 — Retour du marché.

Dupont (Georges-Gustave), 11, rue Clapeyron, Paris.

114 — Nature morte.

Durandeau (Auguste), 5, rue Bara, Paris.

115 — Bateaux près de Lormont à Bordeaux.

Durangel (Léopold-Victor), 30, rue de Bruxelles, Paris. Ex.

116 — Femme de Nettuno (costume de la province romaine).

117 — Sur la plage (costume de la province romaine).

Durst (Auguste), 51, avenue de la Défense, Puteaux (Seine). H. C.

118. — Dans la ferme (poules).

Dussieux-Keller (Stéphane), 26, rue Geoffroy-Lasnier, Paris.

119 — Georges le Béarnais, étude. V. Appendice.

Duthoit (Paul), 28, rue Vavin, Paris.

120 — Liseur.

121 — Sur la terrasse (Arcachon).

Duval (Mlle Henriette), 56, rue de Bondy, Paris.

122 — Anémones.

Eckert (Pierre-Ernest-Louis), 11, rue Neuve, Versailles.

123 — Porchefontaine.

Eliot (Maurice), 3, rue Houdon, Paris. M. H.

124 — La Ferme.
125 — Petite mendiante.

Enriquez (Rafael), 36, rue Washington, Paris.

126 — Les Jardins de Paris.

Faucheur, 16, rue Jouffroy, Paris.

127 — Cerises.

Favrot (Mme Léonie), 40, boulevard Saint-Germain, Paris.

128 — Nature morte : la cueillette de mon jardin.

Félix (Marie-Emmelie), 23, quai de la Tournelle, Paris.

129 — Été ; panneau Louis XV.
130 — Hiver ;   id

Flandrin (Paul), H. C., 10, rue Garancière, Paris.

131 — Une Idylle.

Fleury (Mme Fanny), 37, rue Fontaine, Paris. M. H.

132 — Le masque.

Fleury (Mme Madeleine), 82, avenue de Wagram.

133 — Les blés.

Forges (Joseph), 18, impasse du Maine, Paris.

134 — Bords de l'Oise à l'Isle-Adam.
135 — Chaumières à Lévy-Saint-Nom (Seine-et-Oise).

Foubert (Emile-Louis), 21, rue Clauzel, Paris. H. C.

136 — Eglogue.

Foulquier (Valentin), 46, rue Prony, Paris. Ex. Gravure.

137 — Le déjeuner.

Garreau (Romain-Laurent), Marnes-la-Coquette (Seine-et-Oise).

138 — Brouillard d'automne.

Gaubusseau (Léopold), 32, rue des Dames, Paris.

139 — Un ciseleur.
140 — Nature morte.

Gaupillat (Henry), 15, rue Cournol, à Sèvres (Seine-et-Oise), et chez M. Daulé, 41, rue de la Paroisse, Versailles.

141 — Roses trémières ; étude.

Glaize (Jean-Edouard), 33, rue Mozart, Paris.

142 — Impression du soir au bord de la mer (Bretagne).

Gosselin (Charles), au Palais de Versailles, H. C.

143 — Paysage ; effet du soir.

Gounin (Henri), 147, boulevard Saint-Michel, Paris.

144 — Au bord de la Bièvre.

145 — Sur les falaises à Carolles (Manche).

Grivolas (Antoine), 9, rue du Val-de-Grâce, Paris. M. H.

146 — Fleurs.

147 — Fleurs.

Gros (Mlle Adrienne), 46, boulevard Montparnasse, Paris.

148 — Hortensias.

149 — Mandarines et grenades.

Gross (Peter-Alfred), 7, rue Chaptal, Paris.

150 — La Frette (Seine).

Guérin des Longrais (Pierre-Charles), 174, rue du Faubourg-Saint-Denis, Paris.

151 — Bords de l'Oise, près Pontoise.

Gumery (Ernest-Adolphe), 57, rue Pigalle, Paris.

152 — « Les voilà ! » rentrée d'automne du troupeau à la ferme (Provence).

153 — Fin de journée à l'atelier.

Gutherz (Carl), 71, avenue Gourgaud, Paris.

154 — Chiffonnière.

155 — Tête d'enfant.

Habert (Eugène), 64 *bis*, rue Dulong, Paris.

156 — La vengeance d'une rousse.

157 — Pensées intimes.

Halbou (Émile), 13, rue des Abbesses, Paris.
M. H.
158 — Portrait d'homme.
159 — Portrait de jeune fille.

Hall (Gustave), 46, rue Madame, Paris.
160 — Fleurs.

Hall (Léon), 268, rue Saint-Jacques, Paris.
161 — Roses.

Haquette (Georges), 29, quai du Pollet à
Dieppe (Seine-Inférieure). **Ex.**
162 — La rentrée au port.

Henry (Henriette), 15, avenue de Breteuil,
Paris.
163 — Jeune Bretonne.

Howe (William St.), 4, rue Aumont-Thiéville,
Paris. M. H.
164 — Vache normande.
165 — Marée basse à Dieppe.

Herman-Blanc (Louis-Marie), 120, avenue
Péreire, Asnières (Seine).
166 — Petite fille au piano.

Hubert-Sauzeau (Jules-Gabriel), 3, rue Cam-
pagne-Première, Paris, et chez M. Chabod,
20, rue Jacob.
167 — Liseuse.

Huet (René-Paul), 68, rue d'Assas, Paris.
168 — Vallée de la Toucque (prairies du haras de
M. de Rothschild).

Hugard (Salvator), 4, rue Fourcroy, Paris.

169 — Portrait de Mlle E.

Huitel, dite Vuitel (Mme Héloïse), 11, quai
    Bourbon, Paris.

170 — Une fillette ; étude.

Hutin (Charles), 5, rue de Rouvray, parc de
    Neuilly (Seine).

171 — La forge Leclaire à Saint-Jean (Seine-et-Oise).
172 — Le vol de Jean Valjean (V. Hugo, *Les Misé-
    rables*).

Iwill (Marie-Joseph), 11, quai Voltaire, Paris.
    M. H.

173 — Zwindrecht. — La Meuse à marée basse.
174 — Les graves à Villerville.

Jacob (Stéphen), 21, boulevard Berthier, Paris.

175 — Le déjeuner du maçon.
176 — Graziella.

Josèphe (Edmond-Henry), 79, avenue de
    Breteuil, Paris.

177 — Tête d'enfant.

Jouas (Charles), 32, avenue de Saint-Mandé,
    Paris.

178 — Un pommier.

Junière-Gilgencrantz (Mme Adèle), 6, rue
    des Chantiers, Versailles.

179 — Portrait de Georges.

Justin (Jules), 3, avenue Trudaine, Paris.

180 — La grange de Vatinel à Criquebœuf (Seine-Inférieure).

Lacressonnière (Philippe-Auguste), 12, rue Saint-Augustin, Asnières (Seine).

181 — Nature morte.

Landeau (Rémy), 15, rue Ducis, Versailles.

182 — Moulin de Maintenon (Eure).
183 — Ferme de la Boully.

Landré (Mlle Louise-Amélie), 233, faubourg Saint-Honoré, Paris.

184 — Baie de Port-Navalo (Morbihan).

Lansyer (Emmanuel), 29, quai Bourbon, Paris. H. C.

185 — Vue prise à Grez (Seine-et-Marne), sur les bords du Loing.
186 — Côte d'Ouessant (Finistère).

Laroze (Gustave), 169, rue de l'Université, Paris.

187 — Panneau décoratif.
188 — Tristesse.

Larrue (Guillaume), 139, boulevard Saint-Michel, Paris.

189 — Portrait du jeune S.
190 — Paysage (effet de soleil).

Lasellaz (Gustave-François), 13, rue Ravignan, Paris.

191 — Les reines-marguerites.

4.

La Touche (Gaston), 15, rue du Calvaire, Saint-Cloud (Seine-et-Oise). Ex.

192 — En Normandie.

La Villette (Mme Élodie), Ex., au fort de l'Est, près Saint-Denis (Seine).

193 — Marée montante à Larmor (Morbihan).
194 — Vue du village de Larmor.

Léandre (Charles), 3, rue Houdon, Paris.

195 — Une bonne prise.
196 — Un chemin dans la basse Normandie.

Léauté (Hippolyte-Émile), à Pont-Levoy (Loir-et-Cher).

197 — L'église d'Artins-sur-Loir, près Sougé (Loir-et-Cher).

Leblanc (Lucien), 69, rue de Dunkerque (Paris).

198 — Marine.

Ledru (Léon), 17, rue Vieille-du-Temple.

199 — Au Bas-Meudon.

Lefèvre (Maurice), 1, rue Le Peletier, Paris.

200 — Nature morte.

Léger (Henri), 31, rue du Chemin-de-Fer, à Nanterre (Seine).

201 — Pavots.

Legrand (René), 20, avenue de Clichy, Paris.

202 — Soupière et fruits.

Leman (Louis), 8, boulevard du Roi, Versailles.

203 — L'avenue de Saint-Cloud.
204 — Ali, négrillon de Bône.

Lemée (Mme Léontine), 25, rue de Laval, Paris.

205 — Soubrette Louis XV.

Lepind (Henri), 43, avenue du Maine (Paris).

206 — Le sommeil.

Leroy (Mme Claire), 7, rue Saint-Lazare, Paris.

207 — Roses.
208 — Giroflées et pensées.

Leroy (Henry), 53, rue de Satory, Versailles.

209 — Bassin de Neptune (Versailles).
210 — La pièce d'eau des Suisses.

Leroux (René), rue de la Pompe, Versailles.

211 — Dessous de bois.

Leroyer (Léon), 5, faubourg Saint-Rémy, à Meaux (Seine-et-Marne).

212 — La Marne à Lagny.
213 — Le chemin de Nanteuil.

Létourneau (Louis-Alexis), 64, boulevard Rochechouart, Paris.

214 — Le marché aux poissons à Port-en-Bessin (Calvados).
215 — Un berger.

Le Villain (Auguste-Ernest), 45, rue Brémontier, Paris.

216 — Un chemin en Seine-et-Marne.

Lignier (James-Camille), 56, rue Rochechouart, Paris. M. H.

217 — Départ du Lavoir.
218 — Portrait de Madame L.

Loire (Léon), 240, rue de Vaugirard, Paris.

219 — Jeunes garçons.
220 — Le berger.

Loiseau (Mme Marie-Madeleine, née Dumont), 60, avenue de la République, au Grand-Montrouge (Seine).

221 — Portrait de Mlle Lucile C.

Lopes-Silva (Lucien), 25, rue Condorcet, Paris.

222 — Berges de la Seine à Croissy (Seine-et-Oise).

Magne (Alfred), 116, boulevard Montparnasse, Paris. M. H.

223 — Les écrevisses.
224 — Tête de sanglier ; étude.

Mangeant (Paul-Émile), 104, avenue de Paris, Versailles. M. H.

225 — Portrait de M. D.
226 — Floréal.

Manuel (Mlle J.), 12, avenue de Picardie, Versailles.

227 — Carmen ; étude.
228 — Nature morte.

Marandat (Louis), 6, rue Boissonnade, Paris.

229 — Un beau jour d'automne.

Maréchal (Paul), 2, rue Moncey, Paris.

230 — Les bords de la Seine à Carrières-Saint-Denis (Seine-et-Oise).

231 — Les bords de la Seine à Bezons (Seine-et-Oise).

Marchand (Louis), quartier de Noailles, Versailles.

232 — Portrait.

Marquant (Pierre-Adhémar), 89, boulevard Voltaire, Paris.

233 — Grenades et oranges.

234 — Vieux bateaux ; Dieppe.

Marsac (Paul), 14, rue des Saints-Pères, Paris.

235 — Le loup et l'agneau (panneau décoratif).

236 — Le Pont-Neuf (petit bras de Seine).

Mascart (Gustave), 15, rue Cauchois, Paris.

237 — Le Pont-Sully ; Paris.

238 — Les moulins à Amsterdam.

Matignon (Albert), 17, rue de Tournon, Paris.

249 — Une Japonaise.

240 — Fruits.

Mégret (Mlle Félicie), 39, rue de Lancry, Paris.

241 — Leila-Hanoum (portrait).

242 — Portrait de Mlle S. H.

Ménager (Henri), 174, faubourg Saint-Denis, Paris.

243 — Après la séance.

Menta (Édouard), villa Pandore, Sainte-Hélène-Nice.

244 — Charron (Provence).

Méry (Paul), 20, rue Véron, Paris.

245 — Les châtaigniers de la Fermé du camp à Bougival.

246 — Un coin de luzerne.

Miquel (Cyprien-Auguste), 35, rue Capron (Paris) et 18, rue de la République (Puteaux).

247 — Un amateur.

Misset (Armand), 7, rue Royale, Versailles.

248 — Fleurs.

Monge (Jules), M. H., 37, rue Saint-André-des-Arts, Paris.

249 — Un garde de Paris (cavalerie, grande tenue).

Montholon (François de), 20, rue des Martyrs, Paris.

250 — Une route picarde.

251 — Un étang en Sologne.

Morand (Albert-Léon), 66, rue Lemercier, Paris.

252 — Hutte de bûcherons (bois de Sèvres).

Moreaux (Émile-Louis-Victor), 7, rue du Palais-de-Justice, à Vervins (Aisne).

253 — Nature morte.

Moret (Henry), chez M. Bourdier, 28, rue de Satory, Versailles.

254 — Le port du Pouldic (Finistère).

Mouillard (Lucien), 14, rue de l'Ancienne Comédie, Paris.

255 — Hussards au cabaret.
256 — Belles de nuit à Biskra.

Moutet (Paul), 30, boulevard du Temple, Paris.

257 — Cerises.
258 — Fraises.

Moutet-Cholé (Mme Céleste), 30, boulevard du Temple, Paris.

259 — Intérieur breton.
260 — Portrait (étude d'atelier).

Münch (Victor-Alexandre), 45, avenue de Saint-Cloud.

261 — Le repos.
262 — Au dépôt de tranchée.

Muraton (Louis), 2 *bis*, cité Pigalle, Paris.

263 — Fantaisie.

Nancey-Nac (Paul), 21, rue Saint-Honoré, à Versailles.

264 — Après la séance (étude d'atelier).

Nicolas (Mme Marie), 13 *bis*, rue d'Aumale.

265 — Une pensionnaire des dames zélatrices (portrait).

266 — Portrait de M. L. G.

Nobillet (Auguste), 10, avenue Gabrielle, à Courbevoie (Seine).

267 — Rosier.

268 — Fleurs.

Olaria (Frédéric), 36, avenue Hoche, Paris.

269 — Panneau décoratif.

270 — Raisins.

Osbert (Alphonse), 9, rue Alain-Chartier, Paris-Vaugirard.

271 — Nature morte : Un coin de table de cuisine.

Otémar (Edouard d'), 165, avenue de Neuilly, Neuilly-sur-Seine.

272 — Asperges.

Pape (Jean-Constant), 22, rue Banès, à Fleury-Meudon (Seine-et-Oise).

273 — Au bord de la plaine à Clamart.

274 — Le matin à l'étang de Trivaux (Meudon).

Paraf-Javal, 59, rue Pigalle, Paris. M. H.

275 — Devant la Vénus de Milo.

Pélicier (Georges-Louis), villa Montmorency, Paris-Auteuil.

276 — Cimetière de Pluherlin (Morbihan). étude.

277 — La rue de la Grande-Truanderie et le chevet de Saint-Eustache à Paris, étude.

Penet (Lucien-François), 13 *bis*, rue Campagne-
Première, Paris.

278 — Vase de fleurs.

Pénot (Emile-Henri), rue Saint-Louis, à Pontoise (Seine-et-Oise).

279 — Vue de la jetée à Dieppe.

Perrée (Mme Clémence-Marie-Berthe), 1, rue
des Bassins, Paris.

280 — Pêches et prunes.

Perrey (Louis), 13, rue de Laval, Paris.

281 — Etude.
282 — Fumeur.

Perrichon (Georges), chez M. Bourdel, 54,
rue de Passy, Paris.

283 — Sur la côte de Granville.
284 — Un moulin à Eches.

Pétillon (Jules), 6, boulevard Magenta, Paris.

285 — Chemin au bord de la Marne.
286 — Vieux moulin à Créteil.

Pihan (Ferdinand), Marnes-la-Coquette (Seine-
et-Oise).

287 — Lilas et roses.

Pihan (Charles), au 22e d'artillerie.

288 — Nature morte.

Pillette (Ernest), 8, rue de l'Abbé-de-l'Épée,
Versailles.

289 — Etang de Brisemiche (Chaville).
290 — Paysage.

5

Pinel (Armand-Félicien), 108, rue de Rivoli, Paris.

291 — La plage du nord à Granville.

292 — Tréport.

Piot (Catherine-Ernest), 7, boulevard Péreire, Paris.

293 — Chrysanthèmes.

Poirier (Paul), 62, rue Rodier, Paris.

294 — Pivoines.

Poisson (Mlle Léonide), 27, rue de la Villette, à Paris, et 27, rue de la Paroisse, à Versailles.

295 — Une fileuse.

Prinet (René-Xavier), 68, rue Bonaparte, Paris.

296 — Jésus enfant.

Prins (Benjamin), 22, rue Tourlaque, Paris.

297 — Nature morte.

Quignon (Fernand-Just), 29, rue Boulard, Paris.

298 — Chaumières soissonnaises.

299 — Etude au soleil.

Quinet (Charles), 64, rue Vieille-du-Temple, Paris.

300 — L'étang de Saint-Cucufa.

301 — Nature morte.

Rabu (Victor), 17, rue Drouot, Paris.

302 — Une brochette de pêcheurs.

Ralli (Théodore), 30, rue Brémontier, Paris. M. H.

303 — Sieste dans une mosquée du Caire.

Ramin (Octave), 17, rue Hoche, Versailles.

304 — Paysage : A Saint-Georges (Isère).
305 — Paysage : Vue de Longchamps, prise à Montretout.

Rapin (Alexandre), 52, rue de Bourgogne, Paris. H. C.

306 — Le sentier.

Ravanne (Gustave), 3, rue Cauchois, Paris.

307 — Mousse au bord de la Méditerranée (Cannes).
308 — Barques de pêche, à Cannes (Alpes-Maritimes).

Renard (Émile), 18, rue du Regard, Paris. Ex.

309 — Cour de ferme.
310 — L'Eure à Jouy.

Renault-des-Graviers (Jacques-Victor), 30, rue Richaud, Versailles.

311 — Portrait de Mlle C. V.
312 — Une vue du bassin de Neptune.

Rey (Mlle Estelle-Andrée), 21, quai aux Fleurs, Paris.

313 — Antonio le pifferare.
314 — En avance.

Reynaud (François), 65, rue de Douai, Paris. Ex.

315 — Le chevrier (Abruzzes).

Riant (Prudent-Esprit), 130 *bis*, boulevard de Clichy.

316 — Lapins (nature morte).

Rigolot (Albert), 25, rue Brézin, Paris.

317 — Fleurs des champs.

Roberty (Georges), 18, rue de Chabrol, Paris.

318 — Au bord de l'eau.

Rosenthal (Mlle Angèle), 63, rue Duplessis, Versailles.

319 — Carmen.
320 — Nature morte.

Rosier (Amédée), 4, rue Heinrich, à Billancourt (Seine).

321 — La Salate à Venise.

Rosier (Mme Mathilde), 4, rue Heinrich, à Billancourt (Seine).

322 — Bouquet de violettes.

Rosset Granger (Edouard), 59, rue des Batignolles, Paris. Ex.

323 — Étude.

Roux (Paul), 21, rue Pigalle, Paris.

324 — Le Guélmeur, près Brest.
325 — Le Rody, près Brest.

Roger (Charles), à Langres (Haute-Marne).

326 — Les anémones.
327 — Chagrin.

Rozier (Alexandre), 23, rue de la Bonne-
Aventure, Versailles.

328 — Environs de Versailles.

Saint-Genois (Charles-Albert), 9, rue de la
Pépinière.

329 — En scène.

Salles-Wagner (Mme Adélaïde), 44, rue
Blanche, Paris.

330 — Bébé s'amuse.

Saunier (Octave), à Marlotte-Bourron (Seine-
et-Marne).

331 — Village de Berzet (Puy-de-Dôme).
332 — Intérieur à Berzet.

Sauvage (Henri), 8, rue Courton, Paris.

333 — Intérieur d'église.
334 — Dans la vieille chapelle.

Sauzéa (Jean-David de), 19, rue de Sèvres,
Ville-d'Avray (Seine-et-Oise).

335 — A marée basse.
336 — Table de travail d'un savant.

Schneider (Charles-Adolphe), 19, avenue de
Villeneuve-l'Étang, Versailles.

337 — Les bords de l'Oise.

Schryver (Louis de), 27 *bis*, rue Bayen,
Paris. M. H.

338 — La cueillette des fraises.

Sellier (Léon), 68, Grande-Rue, à Chaville
(Seine-et-Oise).

339 — Un coin des glacières de Chaville.
340 — Étang de Brise-Miche, à Chaville.

Serres (Antony), 3, avenue de Custine, à
Saint-Gratien (Seine-et-Oise).

341 — J.-J. Rousseau chez le maréchal de Luxem-
bourg, à Montmorency.
342 — La neige.

Serrier (Georges), 69, rue de Douai, Paris.

343 — Le moulin de l'Ortille (forêt de Compiègne).
344 — Nature morte.

Simas (Martial), 27, rue d'Alsace, Paris.

345 — Fleurs.

Soleville-Jeandel (Mme Thérèse), 26, rue
des Batignolles, Paris.

346 — Chrysanthèmes.
347 — Pelargoniums et azalées.

Sollier (P.-L.-Eugène), 9, rue de la Grande-
Chaumière, M. H. (sculpture).

348 — Étude; nature morte.

Sortais (Georges), 30, rue de Tilsitt, Paris.

349 — Tête de femme, étude.

Taconet (Mlle Jeanne), 2, rue de Mouchy,
Versailles.

350 — Fleurs d'été.
351 — Giroflées.

Tauzin (Louis), M. H., 4, sentier des Pierres-Blanches, à Bellevue (Seine-et-Oise).

352 — Le pont de Sèvres vu des hauteurs de Meudon.

353 — Le chemin des Buttes, à Meudon.

Tholer (Raymond), 57, rue Pigalle, Paris. M. H.

354 — Nature morte.

Thiollet (Alexandre), 16, rue de Chabrol, Paris, Ex.

355 — Marée basse à Villerville.

Ternus (Aubert), 4, rue Demarquay, Paris.

356 — Portrait militaire.

Timmermans (Louis), 2, rue Aumont-Thié-ville, boulevard Gouvion-Saint-Cyr, Paris.

357 — Quai de Lesseps, Rouen.

Tribou (Mlle Herminie), 33, avenue d'Antin, Paris.

358 — Portrait d'homme.

359 — Fleurs des champs ; étude.

Triponel (Mme Marie), 1, rue de Beauvau, Versailles.

360 — Lilas et pivoines ; dessus de porte.

361 — Roses ; dessus de porte.

Turner (Mlle Marguerite), Châlet des Margue-rites, à Chaville (Seine-et-Oise), et à Paris, 33, rue de Turin.

362 — Jack.

Vavasseur (Eugène-Charles-Paul), 46, rue de Dunkerque, Paris.

363 — Préparatifs culinaires.

Venat (Mme Isabelle), 15, rue de Clichy, Paris.

364 — Barthélemy Lopez (portrait).
365 — Le jour du récurage à Gélos (Basses-Pyrénées).

Vianelli (Albert), 84, avenue des Champs-Elysées, Paris.

366 — Romance sans paroles.

Villa (Emile), 31, boulevard Berthier, Paris.

367 — Petits soins.

Villain (Georges), 77, rue d'Amsterdam, Paris.

368 — Le village de la Coudre (Ille-et-Vilaine).
369 — La mer.

Visconti (Alphonse), 17, passage de l'Elysée des Beaux-Arts, Paris.

370 — Une branche de cerises.
371 — Armes et objets d'art.

Vos (Hubert), 213, rue Verte, Bruxelles. Ex.

372 — Les pauvres gens.
373 — Après le travail.

Vos (Henri-Martin), 11, rue Constance, Paris.

374 — Etude.
375 — Nature morte.

Waldens (Lionel), 2, rue d'Odessa, Paris.

376 — Sur les côtes du Calvados.

Weber (Alfred), 3, place de la Bourse, Paris.

377 — Sans famille.
378 — Asperges.

Weiss (Georges), 91, rue de l'Assomption, Paris.

379 — Une recherche.

Wust (Wilhelm), 47, rue Blanche, Paris.

380 — A la mer.

Yvon (Adolphe), 156, rue de la Tour, Passy. H. C.

381 — Lessiveuse.

Zani (Jean-Dominique), 60, rue de Pologne à Saint-Germain-en-Laye (Seine-et-Oise).

382 — Fruits.
383 — Portrait de Victor Hugo.

DESSINS, PASTELS, AQUARELLES,

ÉMAUX, PORCELAINES,

FAIENCES ET MINIATURES

Abbéma (Mlle Louise), M. H., 47, rue Laffitte, Paris.

384 — Fantaisie.

385 — Venise.

Adan-Guillaumot (Mme Marie-Émilie), 220, rue de Rivoli, Paris.

386 — Tête d'étude.

387 — Orientale ; aquarelle.

Aragon (Edmond), 89, avenue de Saint-Cloud, Versailles.

388 — Escalier du Saut-Gaultier.

389 — Abbaye du Mont-Saint-Michel.

Arosa (Mlle Marguerite), 5, rue Prony, Paris.

390 — Barberine ; pastel.

Aubert (Mlle Antoinette), 20, rue Maltier, Paris.

391 — Amours, d'après Boucher (éventail).

Aubert (Mme Stéphanie), 60, rue Saint-Lazare, Paris.

392 — Tête de femme ; pastel.

Aurelly (Mlle Marie-Céline), 59, rue de l'Arcade, Paris.

393 — Iris.

Aviat (Jules-Charles), 32, rue de Saint-Pétersbourg, Paris. M. H.

394 — Etude au printemps ; aqueduc d'Arcueil ; aquarelle.

Beaufort (Mlle Blanche de), 1, rue de Fleurus, Paris.

395 — La comtesse Dubarry ; la princesse de Lamballe ; la cruche cassée, d'après Greuze ; la cage, d'après Lancret ; en voulez-vous, d'après Russel ; — miniatures sur ivoire.

Beaury-Saurel (Mlle Amélie), 122, avenue de Villiers, Paris. Ex.

396 — Portrait de Madame C. L. ; dessin sanguine.

Beauvais-Richard (Edmond), 8, rue Vavin, Paris.

397 — Aquarelle.

Bellangé (Eugène), 57, rue de Douai, Paris.

398 — Au campement ; aquarelle.

Bercy (Louis), 28, rue de la Pompe, Versailles.

399 — Rossignol du Japon et bouvreuil.
400 — Rouge-gorge et chardonneret ; aquarelles.

Bernard (Mlle Mathilde), 34, rue de Constantinople, Paris.

401 — Étude, pastel.

Berriat-Blanc (Mlle Béatrice); 120, avenue Péreire, Asnières (Seine).

402 — Tête d'enfant.

403 — Fleurs ; aquarelles.

Bévan (Henri), 2, avenue Hoche, Paris.

404 — Vues de Dinard, Beaulieu, château de Blois et Cintegabelle ; aquarelles.

405 — Vue prise à Cintegabelle ; aquarelle.

Billiard (Victor-Édouard), 36, rue de Moscou, Paris.

406 — La pêcherie de Saint-Ouen ; le quai à Rouen ; vue de Paris prise de Montmartre ; aquarelles.

407 — Chemin sous bois, à Epinay-sur-Seine ; aquarelle.

Billiard (Louis-Marie), 36, rue de Moscou, Paris.

408 — Mer basse, à Houlgate.

409 — Houlgate, plage ; aquarelles.

Biva (Henri), 72, rue du Château-d'Eau, Paris.

410 — Roses Cent-Feuilles, aquarelles.

Biva (Paul), à Franconville, à la Station (Seine-et-Oise).

411 — Fleurs ; aquarelle.

Bonnefoy (Adrien-Adolphe), 19, r. Charles V, Paris.

412 — Mort de Mahomet ; aquarelle.

Bouillard (Mlle Jeanne), 23, rue des Réservoirs ; Versailles.

413 — Narcisses.

414 — Roses, tasse à thé ; porcelaine.

Bourdilliat (Arthur-Charles), 2, boulevard Saint-Martin, Paris.

415 — Environs d'Interlaken (Suisse).

416 — Village de Baudéan (Pyrénées) ; aquarelle.

Boutin (Mme A.), 18, rue de Hambourg, Paris.

417 — Le Christ devant Pilate, d'après Munkacsy, faïence-émail, grand feu.

Bouvié (Mme Nathalie de), 21 *bis*, rue Berthier.

418 — Enluminure genre moyen âge ; Gouache.

419 — L'esclave, d'après M. de Chatillon ; fusain.

Brémard (Henry), 37, rue Berthier, Versailles.

420 — Paysage, d'après Daubigny, aquarelle.

Brémond (Aloys), 5, quai Voltaire, Paris.

421 — Etude à Cernay ; aquarelle.

Brielman (Jacques), 16, rue de Chabrol, Paris. Ex.

422 — La croix de Saint-Cast (Ille-et-Vilaine).

Bürgkan (Mlle Berthe), 49, rue de Charonne, Paris. M. H.

423 — Etude ; pastel.

Butler (Mlle Béatrice-Amélia), 7, rue Sainte-Victoire.

424 — Les phares d'Eddystone (Devonshire), gouache sur terra-cotta.

Butler (Mlle Isabella), 7, rue Sainte-Victoire, Versailles.

425 — Portrait de M. F. G. W. ; pastel.
426 — Le boudoir au Petit-Trianon ; pastel.

Caffart (Mlle Lucie), rue Mornay, Paris.

427 — Les Bergers d'Arcadie, d'après Poussin.
428 — La naissance de Vénus, d'après M. Bouquereau ; porcelaines.

Cagniart (Émile), 13, rue des Abbesses, Paris.

429 — Marée montante, vue du haut des falaises de Saint-Jean-le-Thomas.
430 — Une cour à Carrières-Saint-Denis, temps gris, pastels.

Castex (Maurice de), à Buc (Seine-et-Oise).

431 — Une rencontre.
432 — Volcelest ; aquarelles.

Chaffault (Mme Marie-Louise-Elisabeth, comtesse du), 42, rue Jouffroy, Paris.

433 — Portrait équestre de Madame la duchesse d'Uzès, d'après Gérôme ; émail de Limoges. Appartenant à Madame la duchesse d'Uzès.

Charton (Mme Louise-Victoire-Marie, veuve), à Hartawel (comté d'Ottava), Canada.

434 — Sujet vénitien ; éventail.

Chavagnat (Mlle Antoinette), 3, place de la Boule, Nanterre (Seine).

135 — Hotte de chrysanthèmes.

136 — Pivoines, aquarelles.

Chevallier (Mlle Adeline), 35, rue Saint-Jean-d'Osny, Pontoise.

137 — Chrysanthèmes ; aquarelle.

Coblentz (Lévy), 11, rue des Lilas, Paris.

138 — Entrée de Mahomet II à Constantinople, d'après M. Benjamin Constant ; émail de Limoges.

Coëffier (Mme Pauline), 21, quai Bourbon, Paris. M. H.

139. — Portrait de M. L. V. ; fusain.

Col (Joseph), 78, rue du Faubourg-Saint-Martin, Paris.

440 — Petit Paul ; dessin.

Combes (Mlle Marie-Clémentine), 25, rue Lhomond, à Paris.

411 — Le joueur de musette, d'après Van Dyck ; faïence.

Cuny (Mlle Valentine), 22, rue des Réservoirs, Versailles.

412 — Le printemps, d'après Riou.

413 — Tête de juif ; aquarelles.

Dainville (Maurice), 23, rue de Laval, Paris.

444 — Le village de Thiers (Seine-et-Oise).

Daubeil (Jules), 11, rue Boissonade, Paris.

445 — Un coin des îles d'Hyères ; aquarelle.

David (Jules), 57, rue Madame, Paris. M. H.

446 — Une boutique de fruitière ; aquarelle.

Debon (Edmond), 3, rue du Regard, Paris.

447 — Bois de Meudon au printemps ; aquarelle.

Desnoix (Mlle Louise), 51, rue de Colombes,
à Courbevoie (Seine).

448 — Pivoines ; porcelaine.

Doncker (Ernest), 80, avenue de Paris, Versailles.

449 — La Bénédiction ; aquarelle.

Dufeu (Edouard), 25, boulevard de Clichy,
Paris.

450 — Bibelots ; aquarelle.

451 — Le départ du Tapis pour la Mecque, au
Caire.

Duhamel (Paul), à Trappes (Seine-et-Oise).

452 — Mon petit jardinier ; aquarelle.

Dumartin (Mme Vve), 28, rue d'Angiviller,
Versailles.

453 — Étude de fleurs (roses coupées) ; aquarelle.

Durangel (Léopold), 30, rue de Bruxelles,
Paris. Ex.

454 — « La nuit sur nous étend ses voiles » ; dessin aux deux crayons.

Epouville (Mme Mélina), 6, rue Maurepas, Versailles.

455 — Portrait de Mlle B. C. ; dessin.

456 — Le jeune étudiant, d'après David ; pastel.

Epouville (Mlle Cécile), 6, rue Maurepas, Versailles.

457 — Sujet Louis XV ; aquarelle.

Eustache (Henri), 8, rue des Beaux-Arts, Paris.

458 — Etude à Fontainebleau ; aquarelle.

Faurie (Albert), à Saint-Cyr (Seine-et-Oise).

459 — Coucher de soleil sur le parc de Versailles.

Fauve (Mlle Blanche), 28, rue Turbigo, Paris.

460 — Dans l'île de Billancourt ; aquarelle.

Félix (Mlle Marie-Emmelie), 23, quai de la Tournelle, Paris.

461 — Petit Louis, dessin à la mine de plomb.

462 — Portrait de Mlle Jeanne G. B. ; pastel.

Forges (Joseph), 18, impasse du Maine, Paris.

463 — Etudes à l'Isle-Adam ; aquarelles.

Gautier (Mme Valérie), chez M. Stal, 41, rue Paradis-Poissonnière, Paris.

464 — La Dame à l'œillet ; pastel (offert à la Société des Amis des Arts de Seine-et-Oise).

Gerderès (Mlle Jeanne), 47, rue Fontaine au-Roi, Paris.

465 — Panier de roses ; aquarelle.

Gillet (Emile), 34, rue de Laval, Paris.

466 — Etudes d'automne ; aquarelles.
467 — Etudes en Normandie ; aquarelles.

Girardier (Mlle Joséphine), 20, rue Saint-Ferdinand, Paris.

468 — Portraits ; miniatures.

Gobert (Mlle Marie), 85, boulevard Montparnasse, Paris.

469 — L'enlèvement de Déjanire d'après le Guide.
470 — Herminie ; émaux.

Gontier (Emile), 41, rue de l'Orangerie, Versailles.

471 — Un coin des Alpes ; aquarelle.

Gontier (Mme Louise), 41, rue de l'Orangerie, Versailles.

472 — Une maison en Alsace.
473 — Au bord du lac ; aquarelles.

Grigny (Jean), 52, rue Vaneau, Paris.

474 — Anvers.
475 — Remparts de Moret ; aquarelles.

Groszer (Mlle Apolline), 51, rue Neuve, Versailles.

476 — Pivoines, étude ; aquarelle.
477 — Paysage, d'après M. Allongé ; faïence.

Guillaumot (Auguste), 14, rue Madame à Marly-le-Roi (Seine-et-Oise), H. C., gravure.

478 — Salon de Marly en 1700 (restauré d'après la collection des archives et le texte de Piganiol) ; aquarelle.

Guyon (Mlle Maximilienne), 15, rue Beaurepaire, Paris.

479 — Fleur d'hiver ; gouache.

Halbou (Emile), 13, rue des Abbesses, Paris, M. H.

480 — Le pont Saint-Michel (vu de l'abreuvoir du Pont-Neuf.

481 — Etude de vieillard ; aquarelles.

Hardy (Mlle Jeanne), 4, rue du Potager, Versailles.

482 — Vues du parc de Saint-Ouen et du petit Trianon ; dessins à la plume.

Harpignies (Henri), 14, rue de l'Abbaye, Paris. H. C.

483 — Aquarelle.

Henry (Mlle Blanche), 10, rue Lekain, Paris-Passy.

484 — Céphale et Procris, procelaine.

485 — Fleurs ; aquarelle.

Hermann (Pierre-Henry), 9, rue du Vieux-Versailles, Versailles.

486 — Matinée d'hiver (environs de Grenoble) ; pastel.

Hervis (Mlle Sophie), 13, rue de Bondy, Paris.

487 — Portrait de M. H. ; fusain.

Huveliez (S.), 7, rue Satory, Versailles.

188 — Rhododendrons ; porcelaine.

Hugard (Salvator), 4, rue Fourcroy, Paris.

489 — Portrait de Mlle E. ; dessin sanguine.

Idetto, 12 *bis*, rue Hanneloup, Angers.

490 — Étude de fleurs.
491 — Plumes de paon ; aquarelles.

Jacquemard (Mlle Marie), 36, avenue de Saint-Cloud, Versailles.

492 — Portraits de M. E. Cousin, — de M. R. Duval, — de Mme X. ; miniatures.

Jourdain (Gustave-Louis), 66, rue d'Anjou, Versailles.

493 — L'armée de la Loire (70-71), d'après M. Croisy ; dessin à la plume.

Labarthe (Mlle Augustine), 27, rue de Dunkerque, Paris.

494 — « Ma sœur n'y est pas, » (d'après Hamon).
495 — Gouache (d'après Watteau) ; éventails.

Labarthe (Mlle Hélène), 27, rue de Dunkerque, Paris.

496 — Éventail ; gouache.
197 — Portrait.

Lachaise (Mlle Gabrielle de), 13, rue de l'Abbé-Grégoire, Paris.

498 — Charlotte Corday, dans sa prison, d'après M. Müller ; porcelaine.

Lainé (Gustave-Honoré), 51, rue Duplessis, Versailles.

499 — Une rue à Honfleur (Calvados), aquarelle.

Landmann (Léon-César), 34, rue Neuve, Versailles).

500 — Paysages : sous bois ; matinée d'hiver.
501 — Nature morte ; aquarelles.

Lapène (Mlle Marie), 17, avenue Gourgaud, Paris.

502 — Le polichinelle à la rose, d'après Meissonier ; aquarelle.

Lavigne (Mlle Mathilde), 12, rue Vaneau, Paris.

503 — Bouquet d'églantines ; gouache.

Leclerc (Alfred), au palais de Versailles.

504 — Le portail de l'Hôtel de Ville de Limoges.
505 — Restauration polychrome du Parthénon, aquarelles.

Leblanc (Lucien), 69, rue de Dunkerque, Paris.

506 — Aquarelle.
507 — Moissen (Jura) ; croquis de voyage.

Le Floch (Mlle Marie), 30, rue de Grenelle, Paris.

508 — L'Invitation au patinage.

Leleu (Louis-Auguste), 8, rue du Louvre, Paris.

509 — Vue de ma fenêtre ; aquarelle.

Le Villain (Auguste-Ernest), 48, rue Brémontier, Paris.

510 — Le moulin de Beaumontel.
511 — Pommier en fleurs ; aquarelles.

Loire (Léon), 240, rue de Vaugirard, Paris.

512 — Une Italienne ; aquarelle.

Lucotte (Mlle Léonide de), 5, rue du Cherche-Midi, Paris.

513 — La Vierge et l'Enfant-Jésus ; plaque demi-porcelaine, cadre barbotine.
514 — Oiseaux et fleurs, plat faïence.

Lunois (Alexandre), 49, boulevard Saint-Jacques, Paris. Ex. gravure.

515 — Le repos de midi aux champs.
516 — L'artisan.

Macknight (W. Dodge), 60, boulevard des Batignolles, Paris.

517 — Le Soleil.
518 — La Méditerranée ; aquarelle.

Maisonneuve (Louis), 83, rue Caulaincourt, Paris.

519 — Aquarelle.

Marchand (Louis), quartier de Noailles, Versailles.

520 — Portrait.

Marks (Ferdinand), 16, rue de l'Abreuvoir, Paris.

521 — Le grand canal ; aquarelle.

Méry (Paul), 20, rue Véron, Paris.

522 — Les bords de la Marne, à la Varenne.
523 — La Pavillonne au Bois-Brûlé (Bougival); aquarelles.

Mesgnil (Mlle Marguerite du), 179, boulevard Péreire, Paris.

524 — Portrait de la marquise de la Chevallerie.
525 — Portraits de Mlle Cécile Moyse ; pastels.

Millet (Mlle Claire), 83, rue du Bac, Paris.

526 — Etude d'après l'Ecole hollandaise ; aquarelle.

Morel (Charles), 11, rue Saint-Simon, Paris.

527 — Brigadier-fourrier de dragons (nouvelle tenue) ; aquarelle.

Morel (Victor-François), 32, rue Ste-Placide, Paris.

528 — Portrait de Mlle Julie D. ; pastel.

Moulherat (Paul), au palais de Versailles.

529 — Fenaison.

530 — La dame au parasol ; dessins à la plume.

Moussoir (Mlle Suzanne), 8, rue de la Paroisse, Versailles.

531 — Une petite mendiante ; aquarelle.

532 — Portrait de M. R. C. ; fusain.

Munch (Louis), 11, place Pigalle, Paris.

533 — Bords du Loing ; aquarelle.

Nautré (André), 324, rue Saint-Honoré, Paris.

534 — Le pont des Moulineaux (Billancourt).

535 — Sur la berge (Moulineaux) ; aquarelles.

Nobillet (Auguste-Michel), 10, avenue Gabrielle, à Courbevoie (Seine).

536 — Roses ; fusains.

Ollendon (Mme d'), 3, rue de Grenelle, Paris.

537 — Fleurette.

538 — Fabiola (d'après Henner) ; émaux.

Oppeln (Mme Marguerite d'), 34, rue de l'Entrepôt, Paris.

539 — Portrait de Mme V.

510 — Portrait de Mlle Gabrielle A.

Paraf-Javal (Mlle Thérèse), 59, rue Pigalle, à Paris. M. H.

541 — Elise ; aquarelle.

Paul (Hermann), 3 *bis*, rue des Beaux-Arts,
Paris.

542 — Portrait de M. le baron de C.

543 — Etude ; fusain.

Perrée (Mme Clémentine), 1, rue des Bassins, Paris.

544 — Pêches et prunes.

545 — Amandiers en fleurs. Avenue du bois de
Boulogne ; aquarelles.

Petit (Mlle Céline), 22, rue de la Bonne-Aven-
ture, Versailles.

546 — Deux assiettes ; porcelaine.

547 — Madeleine ; porcelaine.

Petitpas (Mlle Eugénie-Marie), 7, rue Laro-
miguière, Paris.

548 — Portrait de M. M. ; miniature.

Piault (Berthe), 39, boulevard de la Reine,
Versailles.

549 — Deux médaillons : Louis XVI et Marie-
Antoinette.

550 — Barbottine sur porcelaine.

Pihan (Ferdinand), Marnes-la-Coquette (S.-et-
O.).

551 — Fleurs d'artichaut ; faïence grand feu.

Piquand (L'abbé Olivier), 23, rue Sainte-
Adélaïde, Versailles.

552 — Portrait de Mgr l'Évêque de Versailles.

553 — Portrait de l'auteur ; pastels.

Poisson (Mlle Léonide), 27, rue de la Villette, Paris.

554 — Bouquet de pensées ; gouache. (Offert à la Société des Amis des arts de Seine-et-Oise).

Porcher (Albert), 26, rue Bréda, Paris, M. H.

555 — Environs d'Optevoz (Isère) ; aquarelle.

Prieur (Mlle Marie), 14, Chaussée du Pont, à Boulogne-sur-Seine.

556 — Etude de fleurs ; porcelaine.

Revertegat (Paul-Henri), 50, rue de la Paroisse, Versailles.

557 — Madeleine et Fabiola (d'après Henner).

558 — Vierge du Guide, orpheline de Henner ; dessins à la plume.

Richard (Mme Hortense), 6, rue Bara, Paris.

559 — Portrait de Mme A. M. ; porcelaine.

Rosenthal (Mlle Angèle), 63, rue Duplessis, Versailles.

560 — La vierge de Séville, d'après Murillo ; porcelaine.

Rosenthal (Mlle Emma), 63, rue Duplessi s Versailles.

561 — L'accordée de village, d'après Greuze, porcelaine.

Roux (Paul), 21, rue Pigalle, Paris.

562 — Ile de Croissy, près Bougival ; aquarelle.

Saffrey (Henri-Alexandre), 21, rue Haute, Rueil (Seine-et-Oise).

563 — A Louveciennes.
564 — Paris vu de Meudon ; aquarelle.

Salleron (René), 26, rue de Lisbonne, Paris.

565 — Trois aquarelles : 1º château de Coucy (Aisne); — 2º prairie à Chantilly (Oise), — 3º effet de soir à Barbison.

Salomon (Jules), 62, rue Pigalle, Paris.

566 — Dans les cressonnières à Veules-en-Caux (Seine-Inférieure) ; aquarelle.

Sarrebourse-d'Audeville (Mlle Jeanne de), à Enghien (Seine-et-Oise).

567 — Tête d'étude ; aquarelle.

Saunier (Octave), à Marlotte-Bourron (Seine-et-Marne).

568 — Environs de Marlotte ; aquarelle.

Schatzmann (Edouard), 7, rue Corneille, Paris.

569 — Etudes ; aquarelles.

Schlatter (Mlle Cécile), 19, rue Vallier, Levallois-Perret (Seine).

570 — Iris ; écran, gouache.

Simon (Mlle Adèle), 41, rue des Martyrs, Paris.

571 — Chrysanthèmes.
572 — Mûres sauvages ; aquarelles.

Simon (Emile), 4, rue Coëtlogon, Paris.

573 — Une rue à Dinan.
574 — Un bateau de pêche ; aquarelles.

Simon (Pierre), 3, rue de Limoges, Versailles.

575 — Un Panthéon ; projet d'architecture.
576 — Un café-concert ; projet d'architecture.

Simonin (Henri-Alexis), 22, rue Beautreillis,
Paris.

577 — Portrait de ma fillette ; porcelaine.

Soulié (Mlle Marie), 25, boulevard de la Reine,
Versailles.

578 — La laitière ; faïence.

Suarès (Mlle Blanche), 8 *bis*, rue Martel, Paris.

579 — Pensées.
580 — Volubilis ; faïences.

Tauzin (Louis), M. H., 4, sentier des Pierres-
Blanches, Bellevue (Seine-et-Oise).

581 — A marée basse ; éventail sur vélin.

Tenré (Henry-Charles), 12, rue Magellan,
Paris.

582 — Un bal, éventail ; aquarelle.

Thadonie (Eugène), 164, rue du Château,
Montrouge (Seine).

583 — Paysage.

Tirard (Mlle Anna), 78, rue de Rome, Paris.

584 — Nature morte.
585 — Petite liseuse ; aquarelles.

Touchemolin (Alfred), 2, boulevard de Lesseps, Versailles.

586 — Siège de Strasbourg : la garde descendante dans un ouvrage avancé (4e bataillon de la garde mobile).

Traverse (Mlle Emilie), passage Vandrezanne, 6, Paris.

587 — L'abandonné, d'après Louis Deschamps ; porcelaine.

Treboul (Mlle Berthe), 4, rue Perrault, Paris.

588 — Atala au tombeau, d'après Girodet ; porcelaine.

Trébuchet (Mlle Marie), 106, rue d'Assas, Paris.

589 — Pavots ; aquarelle.

Turner (Mlle Marguerite), châlet des Marguerites, à Chaville (Seine-et-Oise), et 33, rue de Turin, Paris.

590 — Portrait de Mme X.
591 — Portrait de M. T. ; pastels.

Vailhé (Mlle Angèle), 17, boulevard Gazzino, Marseille, et chez Mlle Gérard, 25, rue de Penthièvre, Paris.

592 — Portrait de femme.

Valtat (Mlle Gabrielle), 62, rue Duplessis, Versailles.

593 — Un panier de cerises, aquarelle.

Velay (Amédée-Joseph), 23, rue du Cherche-Midi, Paris.

594 — Bords de la Seine ; offert à la Société des Amis des Arts de Seine-et-Oise.
595 — Village en Normandie ; fusain.

Verwaest (Mme Berthe), 169, rue Saint-Jacques, Paris.

596 — Le coude de la Marne à Champigny ; fusain.

Vianelli (Albert), 84, avenue des Champs-Elysées, Paris.

597 — Tombeau de Gianni Caracciolo dans l'église de San Giovanni (Naples) ; aquarelle.

Vincent-Darasse (Paul), 93, rue de Seine, Paris.

598 — Quatre études (Menton, Alger, l'Isle-Adam) ; aquarelles.

Vos (Hubert), 213, rue Verte, Bruxelles. Ex.

599 — Etude d'intérieur.
600 — Fantaisie ; pastels.

Willms (Albert), 11, rue de Champigny à Chennevières-sur-Marne (Seine-et-Oise).

601 — Chiens courants anglais ; aquarelle.

Zaliwska (Mlle Bronia), 7, rue Vavin, Paris.

602 — Une femme russe, fantaisie-miniature sur ivoire.

SCULPTURE

Bénet (Eugène-Paul), 19, quai Saint-Michel, Paris, M. H.

603 — Portrait de Mlle A. G.
604 — Portrait de Mlle Madeleine D. ; bustes, terre cuite.

Bloch (Mme Elisa), 42, rue Jouffroy et 6, rue Daubigny, Paris.

605 — Virginius immolant sa fille ; groupe plâtre.
606 — La rieuse ; buste terre cuite.

Carrier-Belleuse (Albert), 15, rue de la Tour-d'Auvergne, Paris. H. C.

607 — Buste terre cuite.
608 — Buste terre cuite.

Feer (Mlle Ysabel), 145, boulevard Saint-Michel, Paris.

609 — Portrait de Mlle M. D. ; médaillon terre cuite.

Gallet (Mlle L. E.), 6, rue Hippolyte Lebas, Paris.

610 — Jeune Romaine ; buste terre cuite.

Hennequin (Gustave-Nicolas), 20, rue Guersant, Paris.

611 — Buste de l'Évêque de Metz.
612 — Buste de Gambetta.

Jouard (Henri-François), pavillon de l'artillerie, École militaire, Paris.

613 — Défense de la porte de Longboyau, parc de Buzenval, 19 janvier 1871, d'après A. de Neuville ; bas-relief plâtre.

Gontier (Emile), 41, rue de l'Orangerie, Versailles.

614 — Buste de M. Madier de Montjau, député.

615 — Buste de M. le Dr Yot.

Lanson (Alfred), H. C., 12 *bis*, rue Boissonade, Paris.

616 — Aragonaise ; buste bronze.

Lottin (Frédéric), 119, avenue Malakoff, Paris, Passy.

617 — Portrait de Mme de K. ; médaillon plâtre.

Maignien (Mlle Marie), 32, rue La Fontaine, Auteuil, Paris.

618 — Adrien ; buste, plâtre teinté.

619 — Toto ; buste plâtré.

Savine (Léopold), 6, rue Cassette, Paris.

620 — Avare ; terre cuite, esquisse.

621 — Buste d'enfant ; terre cuite.

Sollier (Eugène), 9, rue de la Grande-Chaumière, Paris. M. H.

622 — Portrait de M. Charles Gosselin ; buste bronze.

Terrier (Jules-Laurent), boulevard de Strasbourg, Nogent-sur-Marne. M. H.

623 — Cerf ; bronze.

624 — Lion de Perse ; terre cuite.

GRAVURE

David (Jules), 57, rue Madame, Paris. M. H.

625. — Quatre lithographies : 1° Consécration de sainte Geneviève par saint Germain ; — 2° Saint Louis portant la couronne d'épines à Notre-Dame de Paris ; — 3° L'entrée d'Isabeau de Bavière à Paris ; — 4° La prise de la Bastille.

Duboscq (Albert-Eugène), 16, avenue de Picardie, Versailles.

626. — Cantonnier, d'après un fusain de Millet ; gravure sur bois.

Letoula (Jules), 97, boulevard Saint-Germain, Paris. Ex.

627. — L'Aïeule, d'après M. Lhermitte ; lithographie.

Lunois (Alexandre), 49, boulevard Saint-Jacques. Ex.

628. — La salle Graffard, d'après M. Jean Béraud ; lithographie.

Rabouille (Charles), 51, Grande-Rue à Longjumeau (Seine-et-Oise).

629. — Une arrestation dans un village, d'après M. Salmson ; eau-forte.

Vion (Henri), 9, rue de la Pompe, Passy. H. C.

630. — La confidence.

APPENDICE ET ERRATUM

Beaufond (Mlle Inès de), 40, boulevard Beaumarchais, Paris.

631 — Jeannette.

Cordier (Raoul), 24, rue de Grenelle, Paris.

632 — Aquarelle.
633 — Aquarelle.

Dussieux-Keller (Stéphane), (voir peinture).

634 — La revanche.

Fauve (Mlle Blanche), 28, rue Turbigo, Paris.

635 — Nature morte.

Longuet (Jules-Léon), 6, rue d'Aguesseau, Paris.

636 — Nature morte.

Marchal (Marie-Auguste), 4, rue Fourcroy, Paris.

637 — Étude d'armes.

Maréchal (Gabriel-Ernest), 15, rue des Jardinets, Poissy (Seine-et-Oise), et chez M. Blot, 52, rue de la Paroisse, Versailles.

638 — Chemin de Chambourcy.

Naintié (Mme de).

639 — Dessin.
640 — Dessin.

Nautré (André), 32, rue Saint-Honoré, Paris.

641 — Dessert d'hiver.

Perrin (Léon), 8, rue Borromée, Paris.

642 — Méditations.
643 — Roses.

Rizet (Mlle Hélène), 34, avenue de Paris, Versailles.

644 — Fleurs du Midi.

Rousseau (Emmanuel), 55, rue Blomet, Paris.

645 — Au Bas-Meudon.
646 — Nature morte.

FIN.

VERSAILLES. IMPRIMERIE CERF ET FILS, 59, RUE DUPLESSIS.

Terrasse du Bassin de Neptune

VERSAILLES

Café Restaurant de la Comédie

Seul Établissement dans le Parc

SERVICE A LA CARTE ET A PRIX FIXE

Déjeuner 3 fr. **50**; Dîner 4 fr. (vin compris)

Vins Fins et ordinaires de Premier Choix

ENTRÉES : Grille du Dragon et Rue des Réservoirs, 13

L. BERCY

ARTISTE PEINTRE

Restaurateur de Tableaux

28, RUE DE LA POMPE

VERSAILLES

www.ingramcontent.com/pod-product-compliance
Lightning Source LLC
LaVergne TN
LVHW021721080426
835510LV00010B/1075